ELECCIONES PRIMARIAS Y ASAMBLEAS ELECTORALES

KATHRYN WESGATE

TRADUCIDO POR ROSSANA ZÚÑIGA

Gareth Stevens
PUBLISHING

ENCONTEXTO

Please visit our website, www.garethstevens.com. For a free color catalog of all our high-quality books, call toll free 1-800-542-2595 or fax 1-877-542-2596.

Library of Congress Cataloging-in-Publication Data
Names: Wesgate, Kathryn, author.
Title: Elecciones primarias y asambleas electorales / Kathryn Wesgate.
Description: New York : Gareth Stevens Publishing, [2021] | Series: Conoce las elecciones de Estados Unidos | Includes index. | Contents: Choosing the candidates
— Party time! — Road to the White House — Primary or caucus? —
Primary time — Open and closed — Caucuses — Super Tuesday —
Important Elections.
Identifiers: LCCN 2019054539 | ISBN 9781538260692 (library binding) | ISBN 9781538260678 (paperback) | ISBN 9781538260685 (6 Pack) | ISBN 9781538260708 (ebook)
Subjects: LCSH: Primaries—United States—Juvenile literature. |
Caucus—United States—Juvenile literature. | Presidents—United
States—Nomination—Juvenile literature. | Presidents—United
States—Election—Juvenile literature. | United States—Politics and
government--Juvenile literature.
Classification: LCC JK2071 .W47 2021 | DDC 324.273/15—dc23
LC record available at https://lccn.loc.gov/2019054539

First Edition

Published in 2021 by
Gareth Stevens Publishing
111 East 14th Street, Suite 349
New York, NY 10003

Copyright © 2021 Gareth Stevens Publishing

Translator: Rossana Zúñiga
Editor, Spanish: María Cristina Brusca
Editor: Kate Mikoley

Photo credits: Cover, p. 1 Drew Angerer/Getty Images News/Getty Images; series art kzww/Shutterstock.com; series art (newspaper) MaryValery/Shutterstock.com; pp. 5, 7, 13, 19, 23 Hill Street Studios/DigitalVision/Getty Images; pp. 9, 17, 29 Hero Images/Getty Images; p. 11 Mike Mergen/Bloomberg/Getty Images; p. 15 Digital Vision./DigitalVision/Getty Images; p. 21 Robert Alexander/Archive Photos/Getty Images; p. 25 MICHAEL B. THOMAS /AFP/Getty Images; p. 27 https://commons.wikimedia.org/wiki/File:Super_Tuesday_Ballots_in_Massachusetts.jpg.

Printed in the United States of America

Some of the images in this book illustrate individuals who are models. The depictions do not imply actual situations or events.

CPSIA compliance information: Batch #CS20GS: For further information contact Gareth Stevens, New York, New York at 1-800-542-2595.

Find us on

CONTENIDO

Las palabras del glosario se muestran en **negrita** la primera vez que aparecen en el texto.

ELEGIR A LOS CANDIDATOS

Es posible que ya sepas que una elección es la acción de votar por alguien para un cargo en el Gobierno. La elección **final** que elige al ganador, se llama elección general. Antes de una elección general, se eligen a los **candidatos**. Es entonces, cuando se llevan a cabo las elecciones primarias y las asambleas electorales.

SI QUIERES SABER MÁS

Las elecciones generales y presidenciales suelen tener lugar en noviembre. Las elecciones primarias y las asambleas electorales se realizan meses antes.

LA HORA DE LOS PARTIDOS

Un partido político es un grupo de personas que tienen creencias e ideas **similares** sobre el Gobierno. Los partidos políticos trabajan para que sus miembros sean elegidos para ocupar los cargos gubernamentales.

Los dos principales partidos políticos en Estados Unidos son el Demócrata y el Republicano.

CAMINO A LA CASA BLANCA

Las elecciones más conocidas en Estados Unidos son las elecciones presidenciales y se realizan cada cuatro años. Las elecciones primarias y las asambleas electorales más famosas se llevan a cabo antes de esta elección; aunque las elecciones primarias y las asambleas electorales también se realizan en otras ocasiones.

SI QUIERES SABER MÁS

Cada estado tiene algún tipo de elecciones primarias, como cuando se elige a los candidatos para una **legislatura** estatal. Sin embargo, varios estados usan las asambleas electorales para elegir candidatos para presidente.

Antes de las elecciones presidenciales, los dos partidos principales hacen un evento llamado **convención** nacional. Las elecciones primarias y las asambleas electorales eligen a quienes irán a estas convenciones por cada estado. Los miembros elegidos votan por el candidato que **representará** a su partido.

SI QUIERES SABER MÁS

Las personas que son elegidas para ir a
la convención nacional de su partido, y votar por
un candidato, se llaman delegados.

11

¿ELECCIONES PRIMARIAS O ASAMBLEAS ELECTORALES?

El Gobierno organiza las elecciones primarias. Los votos de las personas se mantienen en secreto, a menos que decidan lo contrario. Las asambleas electorales son reuniones dirigidas por los partidos políticos. En ellas, la gente habla sobre los diferentes candidatos antes de votar en las elecciones primarias.

SI QUIERES SABER MÁS

En los inicios de la historia estadounidense, los candidatos presidenciales eran elegidos principalmente a través de las asambleas electorales. Hoy, las elecciones primarias son más comunes.

ELECCIONES PRIMARIAS

En las elecciones primarias las personas votan por el candidato del partido político que participará en la elección general. El ganador obtiene el apoyo y respaldo de su partido político para competir contra los candidatos de los otros partidos.

SI QUIERES SABER MÁS

Cuando un partido político elige a una persona para postular a un cargo en el Gobierno, se llama nominación. La persona elegida se llama nominado.

Antes de las primarias, varias personas compiten por ser los candidatos elegidos por su partido. Hacen **campañas**, y participan en debates o eventos en donde ellos presentan y **discuten** sus ideas. Algunos postulantes de los debates pasan a competir en las elecciones primarias.

SI QUIERES SABER MÁS

Los debates suelen transmitirse por televisión.
Verlos es una buena forma de conocer con cuáles
candidatos puedes estar de acuerdo.

ELECCIONES ABIERTAS Y CERRADAS

La **Constitución de Estados Unidos** otorgó a los estados la responsabilidad de organizar las elecciones. Cada estado puede realizar las elecciones primarias de forma diferente. Las elecciones primarias abiertas y cerradas son dos sistemas básicos, pero algunos estados tienen reglas y métodos diferentes.

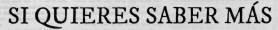

SI QUIERES SABER MÁS

Las elecciones primarias de tu estado pueden ser algo diferentes de las elecciones regulares abiertas o cerradas. Pregunta a un adulto para que te ayude a averiguar cómo funcionan las elecciones primarias donde vives.

Los votantes están de acuerdo, casi siempre, con un partido más que con el otro. Ellos pueden registrarse para votar en las elecciones de ese partido. En una elección primaria cerrada, las personas pueden votar solo por un candidato del partido en el que están registrados.

SI QUIERES SABER MÁS

Algunas personas deciden no registrarse en un partido político. Estas personas no pueden votar en una elección primaria cerrada.

HAVE YOU MOVED?

REGISTER TO VOTE HERE

WILL YOU BE 18 ON OR BEFORE NOVEMBER 6, 2018?

En una elección primaria abierta, cualquier persona que puede votar puede elegir en cuáles elecciones primarias de un partido político quiere participar. En las primarias abiertas, las personas pueden votar por cualquier candidato, no importa a cuál partido político pertenezcan el votante o el candidato.

SI QUIERES SABER MÁS

Algunos estados permiten a los votantes, que no se han registrado en un partido político, votar por un candidato en las elecciones primarias; pero los que sí están registrados, deben elegir a alguien de su propio partido político.

ASAMBLEAS ELECTORALES

Al igual que las elecciones primarias, las asambleas electorales pueden ser abiertas, cerradas o mixtas. Estas reuniones partidistas se realizan generalmente para elegir a los delegados que votarán por los candidatos que compiten por la presidencia. Sin embargo, estas asambleas pueden celebrarse para decidir sobre otros **asuntos**.

SI QUIERES SABER MÁS

Las asambleas electorales más famosas de Estados Unidos son las de Iowa. Generalmente son las primeras asambleas electorales o elecciones primarias que se celebran antes de una elección presidencial.

SUPERMARTES

El supermartes es el día en
que varios estados celebran
sus elecciones primarias o
asambleas electorales. Se lleva
a cabo, generalmente, en marzo.
Es un gran día porque
los candidatos tienen la
oportunidad de obtener
los votos de muchos delegados
de varios estados.

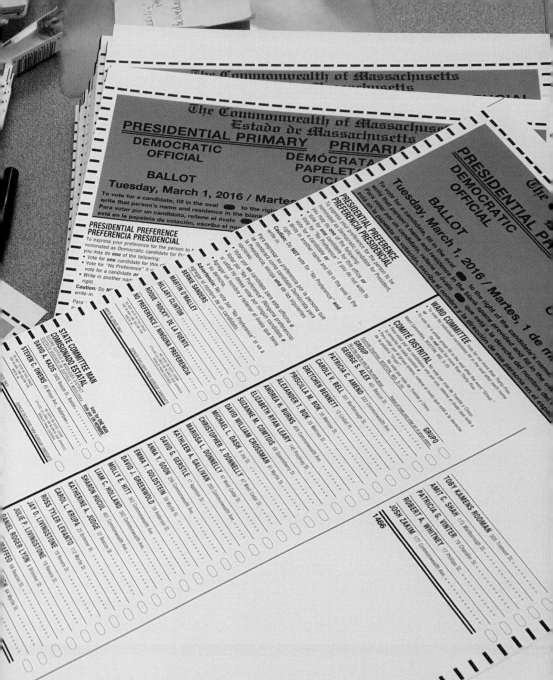

SI QUIERES SABER MÁS

Los estados pueden celebrar sus elecciones primarias y asambleas electorales en diferentes días de un año a otro, por lo que no siempre los mismos estados votan en un supermartes.

ELECCIONES IMPORTANTES

Las elecciones generales suelen obtener toda la atención, y con mayor razón durante la elección presidencial. Sin embargo, las elecciones primarias y asambleas electorales también son importantes. Después de todo, estos son los eventos que deciden quiénes serán los candidatos que van a competir en las elecciones generales.

SI QUIERES SABER MÁS

Debes tener 18 años para votar, pero puedes comenzar a prepararte desde hoy. Presta atención a los candidatos y elecciones ahora ¡y estarás más preparado cuando tengas la edad para votar!

I VOTED

FUTURE VOTER

COMPAREMOS LAS ELECCIONES PRIMARIAS Y LAS ASAMBLEAS ELECTORALES

ELECCIÓN PRIMARIA　　　　　**ASAMBLEA ELECTORAL**

- elecciones privadas

- realizadas por los Gobiernos

- ayudan a elegir al candidato que competirá en una elección general

- pueden ser abiertas, cerradas o mixtas

- reuniones con discusiones, y un voto final

- realizadas por los partidos políticos

GLOSARIO

asunto: materia o tema de que se trata o discute.

campaña: hacer actividades para tratar de conseguir personas que voten por un candidato.

candidato: persona que se postula para un cargo.

Constitución de Estados Unidos: escrito que establece las leyes fundamentales de Estados Unidos.

convención: reunión de personas que tienen un mismo interés o un propósito común.

discutir: hablar sobre algo.

final: el último de algo en una serie, grupo o cosas que suceden.

legislatura: un cuerpo legislativo.

representante: una persona que habla o actúa en nombre de otra o en nombre de un grupo.

similar: casi lo mismo, que se parece.

PARA MÁS INFORMACIÓN

LIBROS

Conley, Kate. *Voting and Elections*. Minneapolis, MN: Core Library, an imprint of ABDO Publishing, 2017.

Grayson, Robert. *Voters: From Primaries to Decision Night*. Minneapolis, MN: Lerner Publishing Group, 2016.

SITIOS DE INTERNET

Government 101: United States Presidential Primary
votesmart.org/education/presidential-primary
Descubre más sobre el proceso electoral primario para la presidencia en este sitio de Internet.

How Voting Works
www.ducksters.com/history/us_government_voting.php
Encuentra más información sobre cómo funciona la votación en este sitio de Internet.

Nota del editor para educadores y padres: nuestro personal especializado ha revisado cuidadosamente estos sitios de Internet para asegurarse de que sean apropiados para los estudiantes. Muchos sitios de Internet cambian con frecuencia, por lo que no podemos garantizar que posteriores contenidos que se suban a esas páginas cumplan con nuestros estándares de calidad y valor educativo. Tengan presente que se debe supervisar cuidadosamente a los estudiantes siempre que tengan acceso a Internet.

ÍNDICE